COMPRENDRE VOTRE esprit et votre corps

La dyslexie

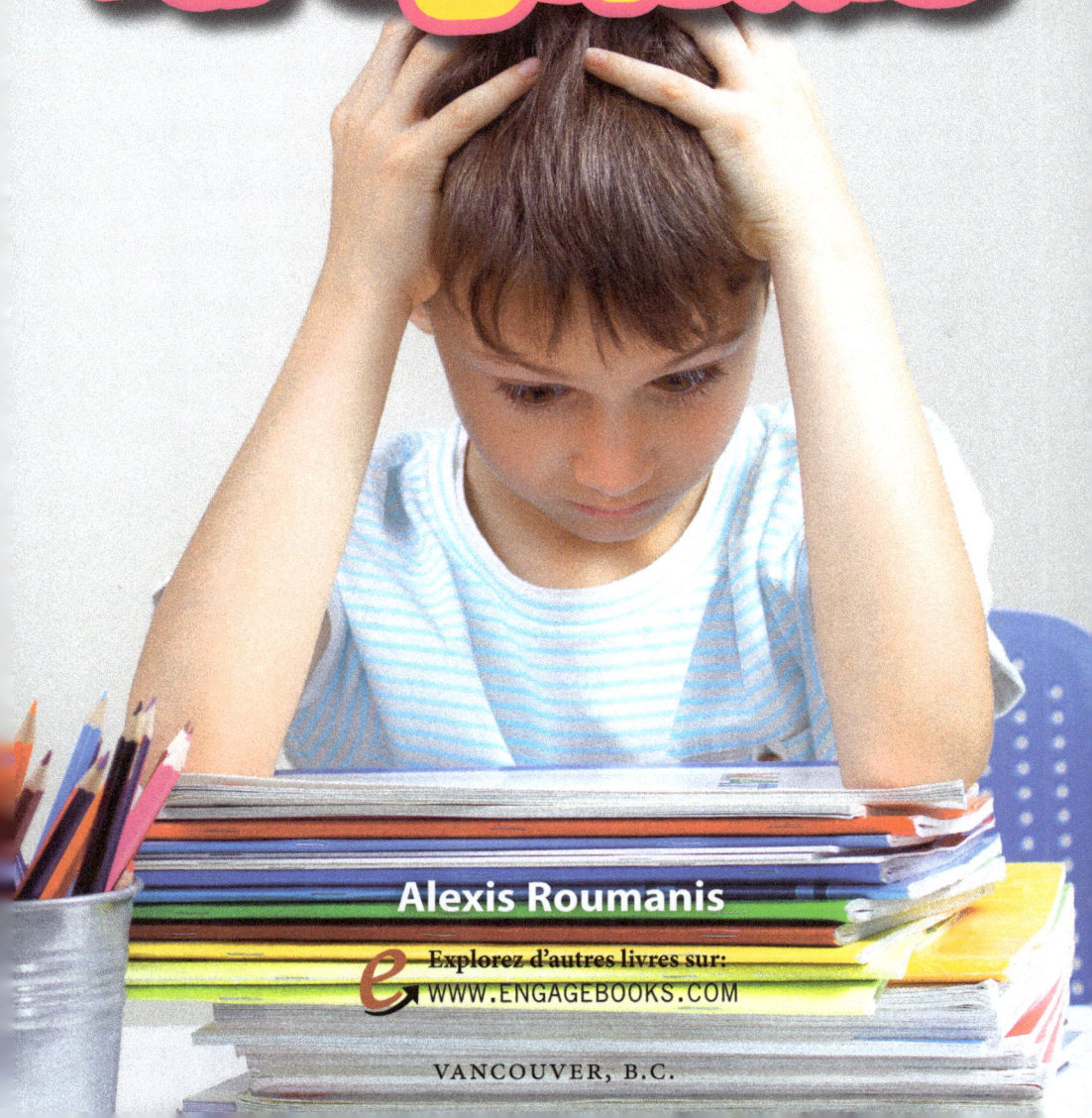

Alexis Roumanis

Explorez d'autres livres sur:
WWW.ENGAGEBOOKS.COM

VANCOUVER, B.C.

e → WWW.ENGAGEBOOKS.COM

La dyslexie: Comprendre votre esprit et votre corps
Roumanis, Alexis 1982 -
Text © 2024 Engage Books
Conception © 2024 Engage Books

Édité par: Ashley Lee et Melody Sun
Conception par: Mandy Christiansen
Traduire: Amanda Yasvinski
Relectrice: Vicky Frost

Texte en Montserrat Regular.
Titres de chapitre définis dans Hobgoblin.

FIRST EDITION / FIRST PRINTING

Ce livre n'est pas destiné à remplacer les conseils d'un professionnel de la santé ni à être un outil de diagnostic. Il s'agit d'un outil pédagogique destiné à aider les enfants à comprendre ce qu'eux-mêmes ou d'autres personnes vivent.

CATALOGAGE AVANT PUBLICATION DE BIBLIOTHÈQUE ET ARCHIVES CANADA

Titre: La dyslexie / Alexis Roumanis.
Autres titres: Dyslexia. Français
Noms: Roumanis, Alexis, auteur.
Description: Mention de collection: Comprendre votre esprit et votre corps | Traduction de : Dyslexia.

Identifiants: Canadiana (livre imprimé) 20240378261 | Canadiana (livre numérique) 2024037830X |
ISBN 978-1-77878-394-4 (couverture rigide)
ISBN 978-1-77878-395-1 (couverture souple)
ISBN 978-1-77878-397-5 (pdf)
ISBN 978-1-77878-396-8 (epub)

Vedettes-matière:
RVM: Dyslexie—Ouvrages pour la jeunesse.
RVM: Enfants dyslexiques—Ouvrages pour la jeunesse.
RVM: Dyslexie—Traitement—Ouvrages pour la jeunesse.
RVMGF: Livres documentaires pour la jeunesse.

Classification: LCC RJ496.A5 R6814 2024 | CDD J618.92/8553—DC23

Ce projet a été rendu possible en partie grâce au gouvernement du Canada.

Canada

Contenu

Qu'est-ce que la dyslexie ?

La dyslexie est une différence d'apprentissage qui affecte la façon dont les gens lisent, écrivent, parlent et épellent. Ce n'est pas une maladie et cela ne veut pas dire que quelqu'un n'est pas intelligent. La dyslexie peut rendre difficile la lecture rapide et **précise**.

MOT-CLÉ

Précise : faire quelque chose correctement, sans erreurs.

Il existe différents types de dyslexie. Certaines personnes peuvent avoir du mal à faire correspondre les sons aux lettres. D'autres pourraient avoir du mal à se souvenir des mots. La dyslexie peut également rendre difficile la mise dans le bon ordre des mots lorsque l'on écrit ou parle.

La dyslexie phonologique se produit lorsque les gens ont du mal à comprendre ou à prononcer des mots.

Quelles sont les causes de la dyslexie ?

Les scientifiques ne savent souvent pas ce qui cause la dyslexie, mais ils pensent qu'elle peut être **héréditaire**. Ce n'est pas quelque chose qui peut être attrapé par quelqu'un d'autre. Le cerveau d'une personne traite les informations différemment si elle souffre de dyslexie.

MOT-CLÉ

Héréditaire : transmis d'un membre de la famille à un autre.

La dyslexie peut résulter d'une lésion cérébrale ou d'une maladie. C'est le seul type de dyslexie dont la cause est connue. Des blessures peuvent parfois survenir lorsque les gens se cognent la tête. Les personnes âgées atteintes de **démence** peuvent également développer une dyslexie.

MOT-CLÉ

La démence : une maladie cérébrale qui rend difficile la mémorisation des choses.

Comment la dyslexie affecte-t-elle votre cerveau ?

Le lobe occipital est une partie du cerveau qui aide les gens à comprendre ce qu'ils voient. Le lobe pariétal est une partie du cerveau qui contrôle la façon dont les gens voient et perçoivent les choses. Ces lobes dans le cerveau des personnes dyslexiques ne fonctionnent pas de la même manière que celui des autres. Ils ne sont souvent pas aussi occupés.

Le lobe occipital

Le lobe pariétal

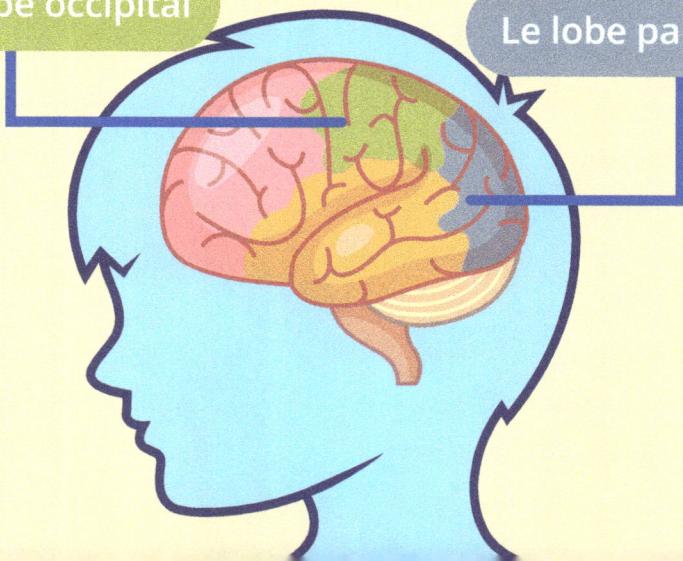

La dyslexie amène certaines personnes à penser en images plutôt qu'en mots. Cela les aide également à créer des images 3D dans leur esprit. Cette compétence peut être utile en sciences et en mathématiques. Les enfants dyslexiques peuvent réussir dans les matières qui nécessitent ces compétences.

Comment la dyslexie affecte-t-elle votre lecture ?

Lorsque les personnes dyslexiques lisent, elles peuvent voir des lettres s'inverser ou **s'échanger** sans avertissement. Les mots peuvent être lus différemment. Le mot « son » pourrait être lu comme « nos ». « Gare » pourrait être lu comme « rage ».

MOT-CLÉ

Échanger : changer de place.

Lire à haute voix peut sembler difficile pour une personne dyslexique, car elle pourrait **trébucher** sur certains mots. La dyslexie peut ralentir la lecture. Quelqu'un devra peut-être prononcer chaque lettre d'un mot ou relire des phrases pour les comprendre pleinement.

MOT-CLÉ

Trébucher : trébucher sur quelque chose en marchant ou en parlant.

Que ressentez-vous avec la dyslexie ?

La dyslexie peut être une chose difficile et déroutante à gérer. La dyslexie peut parfois provoquer un sentiment de frustration ou de la colère. Les personnes dyslexiques peuvent également se sentir **isolées** ou avoir l'impression que les autres ne les comprennent pas.

MOT-CLÉ

Isolé : être seul ou séparé des autres.

Certaines personnes se sentent gênées de ne pas pouvoir suivre les autres élèves de leur classe. D'autres pourraient ressentir de **l'anxiété** à propos de ce que les autres pensent d'eux. Les personnes dyslexiques peuvent se sentir mal dans leur peau ou douter de leurs compétences.

MOT-CLÉ

L'anxiété : sentiments d'inquiétude et de peur difficiles à contrôler.

La dyslexie disparaît-elle ?

La dyslexie ne disparaît pas. Mais il existe des moyens utiles pour faciliter la vie avec la dyslexie. Les enseignants peuvent fournir un soutien supplémentaire pour faciliter la lecture et l'écriture. Des outils d'apprentissage spéciaux peuvent également être utilisés. Un outil simple consiste à utiliser des **polices** faciles à lire pour les personnes dyslexiques.

MOT-CLÉ

Les polices : différents styles de lettres utilisés dans l'écriture.

Avec du soutien et de la pratique, la lecture et l'écriture peuvent devenir plus confortables pour les personnes dyslexiques. Certaines personnes dyslexiques trouvent que cela devient plus facile avec l'âge. N'oubliez pas que tout le monde apprend à des rythmes différents et que quelqu'un peut s'améliorer à tout moment.

Lorsque les enfants dyslexiques grandissent, ils peuvent découvrir les façons de lire et d'écrire qui leur conviennent le mieux.

Demander de l'aide

Si vous avez des difficultés à lire et à écrire, demandez de l'aide dès que possible. Parlez à votre enseignant, à vos parents ou à un **conseiller** scolaire de ce que vous vivez. Ils sont là pour vous soutenir !

MOT-CLÉ

Un conseiller : une personne qui donne des conseils aux autres.

« Je suis parfois confus quand je lis. Pouvez-vous m'aider à comprendre pourquoi ? »

« Je me sens frustré lorsque je n'arrive pas à épeler les mots correctement. Pouvez-vous me donner quelques conseils ? »

« Mon ami souffre de dyslexie et je pense que je pourrais en souffrir aussi. Comment puis-je en être sûr ? »

Comment aider les autres souffrant de dyslexie

Être un bon ami pour une personne dyslexique signifie être patient et compréhensif. Écoutez leurs sentiments et leurs expériences sans **jugement**. Soyez patient et gentil lorsqu'ils ont des difficultés à lire ou à écrire. Proposez de lire ensemble et à tour de rôle.

MOT-CLÉ

Jugement : se forger une opinion qui dépend de ce que l'on croit.

Encouragez votre ami lorsqu'il progresse en lecture ou en écriture. Concentrez-vous sur leurs efforts et célébrez lorsqu'ils atteignent un objectif, peu importe sa taille. Être un ami qui soutient, c'est comme être un acolyte dans l'aventure d'une personne dyslexique !

L'histoire de la dyslexie

Rudolf Berlin était un médecin allemand qui a inventé le terme « dyslexie » en 1887. Il a remarqué des difficultés de lecture chez ses patients mais n'a trouvé aucun problème de vue. Il pensait que ces difficultés étaient causées par des changements dans le cerveau.

Aux États-Unis, Samuel T. Orton présente ses travaux sur la cécité verbale en 1925. Il a relié les difficultés de lecture au cerveau et la compréhension des lettres aux sons. Il a cofondé la Société Orton. Maintenant, elle s'appelle l'Association Internationale de la Dyslexie.

Le « Word Blind Center » a été créé en 1962. Le Centre a aidé à étudier la dyslexie. La « British Dyslexia Association » et le « Dyslexia Institute » ont été créés au début des années 1970. Ces groupes ont apporté leur soutien aux personnes dyslexiques.

Les super-héros dyslexiques

La dyslexie peut parfois vous donner l'impression d'être le seul à faire face à des défis. Mais il y a aussi des super-héros partout dans le monde qui souffrent de dyslexie. Ces héros extraordinaires aident et soutiennent les personnes dyslexiques.

Magic Johnson est un grand basketteur dyslexique. Il a travaillé dur pour relever les défis et a réalisé de grandes choses sur et en dehors du terrain. Il inspire les autres personnes dyslexiques à croire en elles-mêmes et à réaliser leurs rêves.

Daymond John est un homme d'affaires accompli de l'émission télévisée *Shark Tank*. Il pense que sa dyslexie l'a aidé à développer sa créativité et ses capacités à résoudre des problèmes. Daymond a montré aux autres qu'être différent peut être un super pouvoir.

L'actrice **Jennifer Aniston** a eu des difficultés à l'école et pensait qu'elle n'était pas intelligente. Elle a appris qu'elle souffrait de dyslexie à l'âge adulte. Elle a dit qu'apprendre cela avait changé sa vie et l'avait aidée à comprendre pourquoi elle avait des difficultés à l'école. Elle a maintenant joué dans plus de 50 films et émissions de télévision et inspire de nombreuses autres personnes dyslexiques.

Astuce pour la dyslexie 1 : Lire à haute voix

Lire à haute voix est une bonne astuce pour vous aider à rester concentré pendant la lecture. Cela vous aide à arrêter de sauter des mots et à vous souvenir de ce que vous lisez.

Lorsque vous lisez à voix haute, vous associez l'apparence des mots à la façon dont les mots sonnent. Lorsque vous lisez à voix haute, vous vous concentrez sur un mot à la fois. Cela vous aide également à trouver un **rythme** naturel pendant que vous lisez. Cela rend les informations contenues dans le texte plus claires et vous vous souvenez plus de ce que vous lisez.

MOT-CLÉ

Rythme : un modèle de son ou de mouvement.

Lire à haute voix peut aider les personnes dyslexiques à avoir plus confiance en leurs capacités de lecture.

Établissez un emploi du temps pour vos tâches quotidiennes et récompensez-vous lorsque vous les avez accomplies

Astuce pour la dyslexie 2 : Utiliser les outils et la technologie

Une règle peut vous aider à lire en ligne droite. Les marqueurs ou les notes autocollantes peuvent faciliter la recherche et la mémorisation des détails importants lorsque vous lisez de longs textes. Ces astuces rendent la lecture plus **physique** et donc plus facile à suivre.

MOT-CLÉ

Physique : impliquant le corps plutôt que l'esprit.

Les livres audio peuvent aider les personnes dyslexiques à se concentrer sur le sens du texte. Les outils de synthèse vocale peuvent aider les gens à écrire des mots plus rapidement. Les correcteurs orthographiques vous indiquent les mots mal orthographiés et vous donnent des moyens de les corriger.

MOT-CLÉ

Les livres audio : des livres que l'on écoute au lieu de lire.

Astuce pour la dyslexie 3 : Rester positif

Toujours croire en soi-même. Rester positif avec la dyslexie est important et peut faire une grande différence. Vous êtes plus que votre dyslexie. Vous avez des talents et des forces uniques. Entourez-vous d'amis et de membres de votre famille qui vous soutiennent et qui vous comprennent et vous encouragent.

Connectez-vous avec d'autres enfants ou adultes dyslexiques. Partagez vos expériences et apprenez les uns des autres. Si vous travaillez dur et avez de bonnes pensées, vous pouvez relever les défis et atteindre vos objectifs !

Quiz

Testez vos connaissances sur la dyslexie en répondant aux questions suivantes. Les questions sont basées sur ce que vous avez lu dans ce livre. Les réponses se trouvent au bas de la page suivante.

1 Qu'est-ce que la dyslexie phonologique ?

2 Quelle partie du cerveau aide les gens à comprendre ce qu'ils voient ?

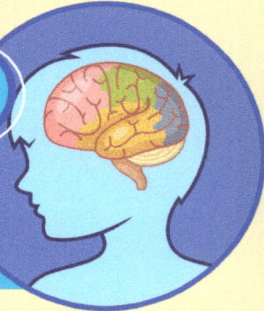

3 Lorsque les personnes dyslexiques lisent, que pourraient-elles voir les lettres faire sans avertissement ?

4 La dyslexie peut-elle disparaître complètement ?

5 Selon Daymond John, qu'est-ce que sa dyslexie l'a aidé à faire ?

6 Nommez un type de technologie utile pour les personnes dyslexiques.

Découvrez d'autres lecteurs de niveau 3.

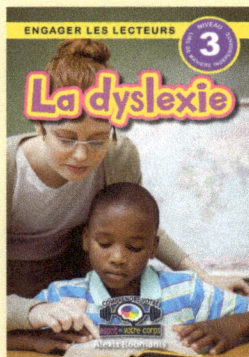

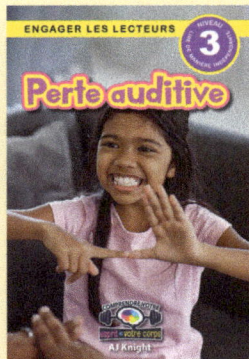

ENGAGER LES LECTEURS — NIVEAU 3
L'anxiété
Melany Sun & J Smith

ENGAGER LES LECTEURS — NIVEAU 3
L'asthme
Sarah Harvey

ENGAGER LES LECTEURS — NIVEAU 3
L'autisme
AJ Knight

ENGAGER LES LECTEURS — NIVEAU 3
L'image corporelle
Ashley Lee & J Smith

ENGAGER LES LECTEURS — NIVEAU 3
L'obésité
Kit Caudron-Robinson

ENGAGER LES LECTEURS — NIVEAU 3
La dyslexie
Alexis Robinson

ENGAGER LES LECTEURS — NIVEAU 3
La perte de vision
Hannalora Leavitt & Sarah Harvey

ENGAGER LES LECTEURS — NIVEAU 3
Le diabète
Kit Caudron-Robinson

ENGAGER LES LECTEURS — NIVEAU 3
Perte auditive
AJ Knight

Visite www.engagebooks.com/readers

Réponses: 1. Quand les gens ont du mal à comprendre ou à prononcer des mots 2. Le lobe occipital 3. Les lettres peuvent être inversées ou échangées 4. Non 5. Développer sa créativité et ses capacités de résolution de problèmes 6. Les livres audio, les outils de synthèse vocale ou les correcteurs orthographiques.

www.ingramcontent.com/pod-product-compliance
Lightning Source LLC
Chambersburg PA
CBHW051237020426
42331CB00016B/3423